La version audio de ce livre
est téléchargeable gratuitement sur
www.talentshauts.fr

Conception graphique : 

Conception et réalisation sonore : Éditions Benjamins Media
Avec les voix de Aymeric Dupuy-Héminou, Jasmine Dziadon
et Samuel Thiery.

ISBN : 978-2-36266-029-0
Loi n° 49-956 du 16 juillet 1949 sur les publications
destinées à la jeunesse
Dépôt légal : août 2011
Achevé d'imprimer en Italie par ERCOM

This Is Sport!
C'est du sport !

Une histoire de Mellow
illustrée par Pauline Duhamel

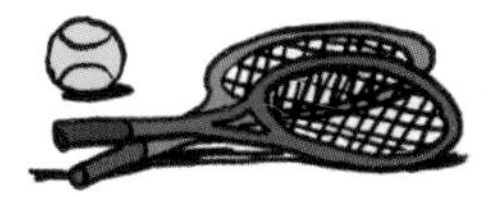

Quel est votre sport préféré, les petits ?

Our favourite sport is tennis.
Tu viens jouer avec nous, Germain ?

OUT! The ball is out!

Zut ! Je vais perdre.

Vous êtes si maladroits !

Come and show us how you play then.

Tu n'es pas très adroit toi non plus.
You can't even get out of your chair!

On fait la course.
We'll run three times round the stadium.

Je vais gagner : je suis le plus rapide.

Je suis le premier !

I have an idea: I'll throw a packet of candies!
Bonne idée : je suis sûr qu'il va s'arrêter.

We're first!
On le double !

Oh ! Des bonbons !
Miam !
1

On
a gagné !

You don't run that fast, Germain...
1

Are you good at judo, Germain?

Je vais vous battre parce que j'ai beaucoup de force.

Ippon !
Tu as perdu !

You're stronger
but we're faster!

Do you want to play football, guys?

Le foot, c’est pas un sport de filles…

Tiens, Pixie,
je te fais une passe.

I'll run to the goal.

BUUU
Zut !
Elle a marqué un but.

UUUUT !
So, football is not a game for girls then?

I love skating!

Je suis le meilleur au roller.

Vas-y, montre-nous.
Can you do freestyle?

Trop facile !

Comment s’appelle cette figure ?
It’s called “the crashed cousin”!

Can you swim?

Bien sûr, je suis un excellent nageur et j'adore l'eau.

Oh! Germain! Stop splashing us, please!

Tu ne nages
même pas vite.

Keuf ! Keuf !
J'ai bu la tasse.

So, I can see that you really like water!

Finalement, son sport préféré, c'est la télé.

Yes! He is definitely the best at that.